索達吉堪布 著

有求

21度母給你愛與溫暖

序

度母，除苦最有力的本尊

提起「度母」，漢地許多人都沒聽說過，但在藏地和印度，她的鼎鼎大名，可謂家喻戶曉、無人不知。

度母，顧名思義，就是救「度」眾生的「母」親。她如同媽媽一樣，能帶給我們綿綿不絕的溫暖、安全感，保護我們免受災禍苦難，並得到夢寐以求的幸福安樂。

在佛教中，度母是觀世音菩薩的化身。或許有人會問：「既然如此，那祈禱觀世音菩薩就行了，幹麼還要單獨祈禱度母呢？」雖然究竟來講，所有佛菩薩的本體都是一個，但由於她們往昔的願力不同，度母在加持方面相當迅猛，如古大德所說：「當今末法時代，度母的加持最為快速。」所以，我們也有必要祈禱度母。

在藏地，幾乎人人都祈禱度母，有關的感應事蹟比比皆是。而在漢地，由於歷史、傳統等原因，雖然也有度母法門，但並沒有得到廣泛弘揚，這是相當可惜的。所以，希望通過這次機會，大家能認識到度母的加持無處不在。

可能有人又問：「祈禱度母的話，一尊度母不就可以了嗎？為什麼會有二十一尊呢？」其實，佛、菩薩的不同身相，是他們不同願力、與眾生不同因緣的具體示現，就相當於觀世音菩薩的三十二應身，這一切都是利益眾生的方便。

要知道，眾生的根基千差萬別。比如若想開智慧，有些人喜歡祈禱白度母，有些人則覺得明覺吽度母更有感應。但實際上，不管祈禱誰都可以，關鍵看你的信心與意樂。你對哪一尊度母最有信心，才最容易與她相應。

世間的一切萬法，雖然如《金剛經》所說，在勝義中皆為空性，但在世俗中，緣起顯現也是不滅的，有苦、有樂、有本尊、有加持……這一切誰都無法否認。所以，大家在遇到痛苦時，最好能祈禱除苦最有力的本尊——度母。

假如，你不懂複雜的度母修法，則可在面前的虛空中，觀想一尊綠度母或白度母，然後虔心念誦度母心咒或度母讚，祈禱度母賜予加持。這種方法很簡單，沒有經過灌頂的人，也可以念誦、觀修。

我本人終生修持度母法，從小度母帶給自己的加持就無法言表，令我在這一生中，對度母每時每刻具有巨大的信心。當然，沒有這種經歷的人，也許對此不太相信，但就如同良藥的效用，受益者才最清楚一樣，佛菩薩不可思議的加持，只有當你親身體會了，才知道到底怎麼樣。

常言道：「佛氏門中，有求必應。」這的確不是一句空話。不過，若要心想事成，並非磕幾個頭、燒幾炷香就行了，關鍵要懂得方法。希望有緣者通過這本書，能找到適合自己的方法，以此擺脫畏懼、苦難，讓內心獲得不退的快樂！

索達吉　２０１４·２·１９

目次

二十一度母讚

索達吉堪布 譯

梵語：阿繞達瑞多札
藏語：帕瑪卓瑪拉多巴
漢語：聖度母讚

嗡　頂禮至尊聖度母！

頂禮奮迅救度母，目如剎那閃電光，
三域怙主蓮花面，花蕊綻放從中現。

頂禮月色白度母，秋百滿月聚集臉，
成千群星同匯聚，盡放威光極燦然。

頂禮紫磨金色母，蓮花莊嚴其妙手，
布施精進苦行靜，安忍禪定行境性。

頂禮如來頂髻母，奉持無邊尊勝行，
獲得無餘波羅蜜，一切佛子近依止。

頂禮吽音叱吒母，聲遍欲色虛空界，
其足壓伏七世間，皆能勾招盡無餘。

頂禮帝梵恭奉母，火神風神自在供，
鬼王起屍及尋香，夜叉眾會皆讚歎。

頂禮勝伏他方母，札啪盡毀敵惑輪，
右屈左伸足壓伏，盛燃熊熊烈火焰。

頂禮大怖救度母，摧毀一切凶猛魔，
蓮花容顏現顰眉，無餘斬盡諸仇怨。

頂禮三寶嚴印母，手指當胸露威嚴，
莊嚴無餘諸方輪，自之光芒普縈繞。

頂禮歡悅威德母，頂飾光鬘誠斑斕，
喜笑大笑聖咒音，懷柔群魔與世間。

頂禮解厄聖度母，能召一切護地神，
顰眉豎動發吽光，消除所有諸貧窮。

頂禮月相冠冕母，一切飾品極璀璨，
無量光佛髻中現，恆常光芒最耀眼。

頂禮烈焰聖度母，如末劫火住光鬘，
右伸左屈喜姿態，擊毀一切諸敵軍。

頂禮顰眉聖度母，手掌壓地足踩踏，
面露怒容發吽聲，擊破七重一切處。

頂禮安樂柔善母，寂滅涅槃行境性，
真實咒語唵娑哈，摧毀一切大罪惡。

頂禮明覺吽度母，眾會圍繞極歡喜，
怨敵之身悉擊碎，十字莊嚴明咒吽。

頂禮震撼三界母，足踏吽相為種子，
須彌玻雪曼達繞，三世間界皆搖動。

頂禮滅毒聖度母，手持天海相皎月，
誦二達繞啪字聲，無餘滅除一切毒。

頂禮天王所敬母，天人非人咸依止，
披甲歡喜之威德，遣除爭鬥與惡夢。

頂禮消疫聖度母，日月雙眸光鮮明，
誦二哈繞德達繞，消除劇猛瘟疫病。

頂禮具光聖度母，安立一切三真如，
正具寂滅威神力，摧魔起屍夜叉眾。

以根本咒禮讚二十一度母終

略祈禱文：

至尊度母您垂念，祈求救脫諸苦難。

度母心咒：

嗡　達熱　德達熱　德熱　娑哈

二十一度母給你愛與溫暖

有了度母加持，做什麼事都容易成功

度母，在印度、藏地可謂家喻戶曉，信仰者不計其數。但在漢地，了知其功德者卻寥寥無幾。有些人只知道「藏傳佛教中有度母修法，這個修法來自於印度；還有像龍猛菩薩、龍菩提、寂天菩薩、阿底峽尊者等高僧，昔日都得到過度母的授記、開示和加持」，除此之外，自己從來也沒有修過，充其量只念過幾句度母心咒而已。

其實，度母具足圓滿的智慧、悲心、威力，你若能經常修持，依靠其迅速、猛厲的加持，一方面可以遣除人生中的違緣、修行中的障礙，同時也能增上自己的智慧和福德。

在佛教中，文殊菩薩是諸佛的智慧總集，觀音菩薩是諸佛的大悲總集，而度母，是諸佛的事業總集。

諸佛的事業是什麼？就是遣除一切眾生的痛苦，置其身心於安樂的境地。這方面，度母具有特殊的能力。所以，不管是什麼人，只要信仰度母，經常念誦她的祈禱文，就一定會得到度母的加持。

我本人從小對度母就有極大信心。大概六歲半時，連字都不認識，就已經會背《二十一度母讚》了。從那時起，不管遇到任何違緣，我都會油然生起一種信念：「度母一定會加持我，度母一定會幫助我！」

十歲時，有個叫班瑪丹增的修行人，送給我一尊很小的度母像。從小學、中學、師範到出家，我一直將它帶在身邊。雖然它不如現在的度母像做工精緻，但對我來說卻珍貴無比。那時，我將它包在一塊黃布裡，經常拿出來祈禱，感覺它的加持非常大。

這次給大家講度母法，緣起的確特別好。本來幾年前我就想講了，但因緣一直沒有成熟，直到二〇一二年，尤其是年初以來，出現了許多跟度母有關的緣起——首先，國外一些高僧大德和佛教徒，給我寄來了許多度母的法本；另外，兩三個月前，我見到了上師德巴堪布，他送給我一尊度母像；還有前不久，一位印度商人供養了我一尊從尼泊爾請的極為精美的度母像；前兩天，石渠的一個考察團，送給我一張罕見的度母像照片，此像據說是文成公主入藏時留下的，屬於國家級文物，平時被鎖在保險櫃裡，一般人很難見到；還有前段時間，有居士想給我們經堂供養唐卡，竟然也是度母，我宣布要講度母的當天，唐卡恰好到了學院……

所以，我相信，這次弘揚度母法，對大家會有不可思議的利益。通過學習這部《二十一度母讚》，很多人會對度母產生信心，並很快得到度母的特殊加持，這樣，做各方面的事情都會圓滿！

度母的加持非常快速

《二十一度母讚》講了什麼呢？就是講了二十一尊度母，並且對每一尊度母，以一個偈頌進行了讚頌。

它實際上是一部佛經，不僅在藏文中有，漢文的《大藏經》中也有。元朝有位叫安藏的翰林學士，曾奉皇帝之命翻譯的《聖救度佛母二十一種禮讚經》，就是《二十一度母讚》。這個譯本我也看過，但有些地方過於直譯，理解起來比較難懂，所以這次我對照藏文，並參考藏傳佛教中《二十一度母讚》的解說，對此重新作了翻譯。

阿底峽尊者認為，《二十一度母讚》屬於事續，事續總共有三十五品，其中第三品就是《二十一度母讚》。日藏大師則認為，《二十一度母讚》屬於瑜伽續，瑜伽續的第五百七十品是《二十一度母讚》。後來，個別大德認為，《二十一度母讚》既屬於事續，也屬於瑜伽續。實際上，這些說法並不相違，就像《文殊真實名經》既有無上密法，也有普通密法的解釋方法一樣。

綜上所述，我們可以這樣理解：從究竟意義上講，《二十一度母讚》可以按照無上密法解釋，但根據所化眾生的根基，也可以按照事續和瑜伽續解釋。

在這部《二十一度母讚》中，提到的二十一尊度母，本體都是一個。之所以用二十一偈從不同側面進行讚頌，是因為在不同眾生面前，度母示現的形象、身色、功德等不盡相同。比如，度母有白、紅、黃、藍、黑、綠等色，白色表度母之身，紅色表度母之語，藍、黑色表度母之意，黃色表度母之功德，綠色表度母之事業。但不管是綠度母、白度母還是其他度母，只要我們經常念誦《二十一度母讚》，就會獲得一切度母的加持。

在藏傳佛教中，無論哪個寺院、哪個教派，格魯派也好、薩迦派也好、寧瑪派也好，平時課誦或給施主念經，僧人們都要祈禱度母。而且，藏地念《二十一度母讚》特別快，以體現度母加持非常快速，尤其是格魯派的念誦速度，很多人根本跟不上。大家剛開始念時，可能不太熟練，但只要經常念誦、祈禱，慢慢就會熟能生巧。

度母是顯現為女性菩薩形象的佛

除了《二十一度母讚》，佛經中還有很多其他的度母經典。前不久我翻閱藏文《大藏經》，發現了與度母有關的大量典籍和修法，另外，在藏傳佛教的伏藏品中，也有許多度母儀軌。當然，大家不要因此就認為：度母法門是藏傳佛教獨有的。其實，在漢文《大藏經》中，也有很多度母修法。尤其在唐密中，度母被譯為「多羅菩薩」，此法門在漢地也曾廣泛弘揚。

有些人可能會想：「度母是菩薩還是佛呢？」從究竟上講，度母早已成佛，《大幻化網》中講到了五部佛和五部佛母，其中北方不空成就佛的佛母，就是誓言度母；但在某些所化眾生面前，度母暫時顯現為菩薩形象。

我們對度母要有這種認識：度母實際上是佛，只不過顯現為女性菩薩的形象度化眾生。

度母的含義就是度脫災難和痛苦

度母可以遣除不同的災難和痛苦，所以，我們遇到任何苦難時，應當一心一意祈禱度母。在漢傳佛教中，有「救苦救難觀世音菩薩」的說法，其實，這也可以用在度母身上——「救苦救難聖度母」。

「度母」的含義就是度脫眾生的痛苦。依靠誰來度脫呢？度母。度脫者是誰呢？正在受苦的眾生。以什麼方式度脫呢？自己以信心祈禱度母，或者別人替自己祈禱度母。當這些因緣聚合時，我們就能得到度母加持，解脫一切苦難。

末法時代，假如沒有諸佛菩薩加持，僅憑一己之力想遠離痛苦，這是不現實的，就像風中的燈很快會被吹滅一樣，自己的力量相當微弱。而若有了聖者的助緣，即便魔眾再興風作浪，自己也有應對的能力，依靠具足智慧、悲心、威力的聖尊，就像天降大雨一樣，違緣的烈火一瞬間就會熄滅。

所以，大家要對度母生起信心。有了信心，什麼事情都容易成辦。

如何祈請度母的加持：對度母進行總頂禮

嗡　頂禮至尊聖度母！

「嗡」既是呼喚詞，也是與諸佛菩薩的身口意相應的一種咒語。

「至尊」是對聖者度母的尊稱。

此頂禮文的意思是：在圓滿智慧、慈悲的聖者度母面前，我恭恭敬敬地頂禮。

在古印度，即使是不信佛的人，祈禱度母者也不計其數。從歷史上看，那爛陀寺的壁畫中，度母占的比例非常高；菩提迦耶的眾多佛像中，度母像也可謂比比皆是。而在藏地，每一座寺院基本都有度母的塑像和唐卡，每一個藏族人幾乎沒有不念度母經咒的。

大家若想對度母生起純淨的信心，一定要先了解度母有何功德。這樣，就如清水中可映現月影一樣，自然可獲得度母的迅速加持。

下面分別講二十一尊度母。在具體觀想時，她們的手印、坐姿完全相同，但身色和左手的法器略有差異。

至尊聖度母

第一尊

奮迅度母：加持極為迅速

頂禮奮迅救度母，
目如剎那閃電光，
三域怙主蓮花面，
花蕊綻放從中現。

奮迅度母

奮迅度母的功德：
加持快速、有力

奮迅度母，身體為紅色或黃色，右手結救護眾生的勝施印，左手持蓮花，花上是右旋海螺。

所謂奮迅度母，「奮」是勇猛，「迅」是迅速，合起來指度化眾生極其勇猛，加持相當迅速。

米滂仁波切在《八大菩薩傳》中說：「在所有的本尊中，度母的加持最快速。」因此，以前我們佛學院每次遇到違緣，或是修法方面的障礙時，法王如意寶都要求僧眾祈禱度母，這樣，違緣立即就消失了。

奮迅度母具有什麼功德呢？「目如剎那閃電光。」就像黑夜中的閃電剎那照亮萬物一樣，度母的智慧雙目一瞬間可照見萬法的真相。

度母是觀世音菩薩悲淚的化身

度母的來歷是什麼呢？「三域怙主蓮花面，花蕊綻放從中現。」「三域」是欲界、色界、無色界，「三域怙主」就是指三界怙主觀世音菩薩，「三域怙主蓮花面」是形容觀世音菩薩的面容猶如蓮花，「花蕊綻放從中現」指度母是從蓮花的花蕊——觀世音菩薩的淚水中化現的。

佛典中記載過度母在因地的三次發願：

第一次：很久以前，種光世界的鼓音如來出世，當時有一公主名「般若月」，天生善根深厚，禮敬三寶。那世界的人們壽命極長，般若月公主全心供養佛陀及僧眾，長達一百萬零八年。諸比丘都讚歎她：「你如此恭敬虔誠，一切所願必能成就。你為何不發願轉女身成男身，以方便修行？」

公主回答：「我觀此處無男亦無女，無人無識亦無我，男女名稱皆虛假，世間劣智迷惑生。」隨後她發下大願：「以男身成佛者很多，可是以女身成佛的卻很少。

我今於佛前發願：直至虛空毀壞之時，都以女身度化一切眾生。」後來，公主於無量歲月精進修持，最終獲得證悟，成就了大願，鼓音如來授記她為「度母」。

第二次：度母又曾在不空成就佛面前，發願道：「願我能護持十方一切苦難眾生，降伏一切魔障。從此九十五大劫中，每天都能度化百萬眾生，令其身心安穩快樂。」諸佛感佩她的願行，故賜名「度母」。

第三次：往昔觀世音菩薩以慧眼觀察，發現自己雖然度化了無量眾生，可六道眾生並沒有減少，他不禁悲從心來，流下兩滴眼淚。淚水變成兩朵蓮花，從中出現白度母和綠度母，她們合掌同聲說：「菩薩，您不要傷心，我們願分擔您救度眾生的悲願。」之後，兩尊度母顯現為二十一尊度母，協助觀世音菩薩廣度眾生。因此，度母是觀世音菩薩悲淚的化身。

此外，還有佛經中說：久遠以前，有位叫無垢光的比丘，他得到十方如來的灌頂而成為觀世音菩薩，觀世音菩薩又獲得五方佛的灌頂，心間出現了度母。

度母既然是觀世音菩薩眼淚或心間化現的，二者實際上是一個本體。在漢地，觀世音菩薩一般被認為是女性；而在藏地，觀世音菩薩被認為是男性，但度母是觀世音菩薩幻化的女身。從這個角度來看，漢地的觀世音菩薩和度母，基本上是相同的，只不過沒有這麼描述而已。

第二尊

白度母：開智慧、延壽命

頂禮月色白度母，
秋百滿月聚集臉，
成千群星同匯聚，
盡放威光極燦然。

白度母

白度母的功德：

開啟智慧，讓自己或他人長壽

白度母，身色潔白，面容宛如一百個秋天的滿月聚在一起，極為圓滿且遠離垢染；她的身體，猶如成千上萬的群星匯聚，放出燦然的光芒，並降下白色甘露，遣除眾生心靈的熱惱。

白度母有七隻眼睛，臉上有三眼，雙手掌、雙腳掌各一眼，故又名「七眼佛母」。她的七隻眼睛，眉間的一隻觀諸佛菩薩，其他六眼則觀六道眾生。

白度母，也叫「妙音天女」，在藏傳佛教中，二者的修法比較類似。所以，白度母可以開智慧，若能經常祈禱，在作詩、寫文章等方面，會有不共的能力。

另外，白度母還是長壽三本尊（長壽佛、尊勝佛母、白度母）之一。在許多高僧大德的住世祈禱文中，經常會提到白度母。因此，若想讓自己或他人長壽，祈禱白度母也相當重要。

在歷史上，藏王松贊干布的王妃——文成公主、赤尊公主，分別是綠度母、白度母的化身。據史料記載，松贊干布在離開人間之前，對大臣們作了未來國事及佛教住世的預言。隨後，他用右手撫摸赤尊公主的頭頂，公主化為一朵白色的八瓣蓮花，花蕊中出現象徵白度母的種子字；又用左手撫摸文成公主的頭頂，公主化作一朵綠色的十六瓣蓮花，花蕊中出現象徵綠度母的種子字。最後，藏王仰望十一面觀音本尊像，隨即與兩朵蓮花一起化光，融入了觀音像的心間……

穿得好、吃得好、住得好，並不等於活得好

世間人最渴求的是什麼？無非就是平安、發財、求子、長壽、開智慧。很多修法儀軌中說：只要虔誠祈禱度母，一心念誦《二十一度母讚》或度母心咒，除了個別定業難轉者以外，自己想要的一切皆會如願以償。

現在許多人表面上穿得好、吃得好，但實際上非常痛苦，這種痛苦並非源於物質的缺乏，而是內心的恐懼、不平、失望、焦慮。如今自殺的人為什麼越來越多？就是他們沒有面對痛苦的勇氣。但若能祈禱度母，這一切都可以迎刃而解。

尤其當遇到災難、恐懼時，立即祈禱度母很重要。以前，有一位叫貢確松傑邦的論師，是陳那論師的弟子。他在印度東方宣講佛法時，從大海裡出現一條大毒蛇，吞食了很多人和大象。論師向度母作猛烈祈禱，並念誦度母心咒。大毒蛇當即返回了大海，從此不再傷害眾生。

第三尊

紫磨金色度母：滿足一切願望

頂禮紫磨金色母，
蓮花莊嚴其妙手，
布施精進苦行靜，
安忍禪定行境性。

紫磨金色度母

紫磨金色度母的功德：

消除痛苦、愚痴、貧窮等

紫磨金色度母，身體是黃色，右手結勝施印，左手持蓮花，花上有如意寶。這尊度母的特點，是以六波羅蜜多度化眾生。此處的六波羅蜜多，一是布施，二是精進，三是苦行寂靜（指持戒，因為持戒需要苦行、寂靜的環境），四是安忍，五是禪定，六是行境性（指智慧，因為若想入於對境的本性，必須開啟般若智慧）。如果祈禱紫磨金色度母，可以增長智慧、福德、壽命，消除痛苦、愚痴、貧窮等。

往昔，那爛陀寺附近有個乞丐，她女兒出嫁時沒有嫁妝，於是向月稱論師乞討。月稱說：「我是個苦行的出家人，沒有什麼財物給你。附近有一個叫月官的居士，你不妨去他那裡試試。」

乞丐便向月官論師乞討。月官對她的困境深感悲憫，但除了身上的衣服和《般若經》以外，自己也沒有多餘的財物。於是，他對著牆上的度母像祈請，求她慷慨相助。度母被他的誠心所動，立刻現身，將身上的絲綢衣服和珠寶飾物脫下，讓月官交給乞丐，作為她女兒的嫁妝。

從那之後，這尊度母像全身赤裸，被人尊稱為「裸體度母」。

這個故事，在《印度佛教史》中也有。其實在印度與藏地，度母的神奇事蹟不勝枚舉，就像漢地觀世音菩薩的顯靈一樣多。

親身感受的度母加持

月官論師說：「度母對所有無私的祈請都會即時應現，而其他祈請，則可能要等久一些。」所以，大家祈禱度母時，最好是沒有自私心，完全為了眾生的利益。當然，即便是為了自己祈禱，度母也會給予相應的加持。

以前，我讀師範時想出家，記得出現了很多違緣，實在沒辦法對抗，於是我就拚命地祈禱度母，結果所有違緣奇蹟般地消失了。

當時，班主任對我的執著很大，若不經他同意就退學，必須罰款三千塊錢。在那個年代，這是一筆極大的數目，我家根本交不出這麼多錢。

我親自去班主任家申請退學，沒進屋子之前，默默念了很多度母心咒，沒想到事情非常順利，他竟然一口就答應了。

過了幾年後，這位老師來看我，我問他：「以前你對我那麼執著，按你原來的想法，肯定不讓我出家，為什麼會同意我退學？」他想了很久，說：「我也不知道怎麼回事，糊裡糊塗就同意了。」

所以，從我自身的經歷來看，度母的加持非常靈。而每個人，一生中都會有迫切需要解決的事情，若能真心祈禱度母，許多困難定會迎刃而解，順利成辦一切所願。

第四尊

頂髻度母：連佛菩薩也要恭敬的度母

頂禮如來頂髻母，
奉持無邊尊勝行，
獲得無餘波羅蜜，
一切佛子近依止。

頂髻度母

頂髻度母的功德：

滅盡眾生的貪瞋、不順

頂髻度母，身體橘黃色，右手結勝施印，左手持蓮花，花上有長壽寶瓶，瓶中盛滿無死甘露，以此滅盡眾生的貪瞋、貧窮、不順，尤其是六波羅蜜多的違品。

頂髻度母，又名尊勝佛母。為什麼叫這個名字呢？因為一切如來都將她視為自己的頂髻，對她極其恭敬。要知道，在一切眾生中，如來處於最尊貴的位置，既然如來都將度母視為至高無上，可見其功德有多麼不可思議。

頂髻度母有三方面的功德：

一、「奉持無邊尊勝行。」

她能勝伏一切怨敵和魔軍，對於世間和出世間的障礙、逆緣，沒有不能戰勝的。

二、「獲得無餘波羅蜜。」

她圓滿了十波羅蜜多，也就是布施等六波羅蜜多，加上方便波羅蜜多、願波羅蜜多、力波羅蜜多、智波羅蜜多，並獲得一切自在。

按照《十地經》的觀點，能圓滿十波羅蜜多的，不是一般的天女，也不是菩薩女，而是證得無上菩提的佛陀。

三、「一切佛子近依止。」

從一地到十地的所有登地菩薩，都會恭敬依止、讚歎、承侍她。

所以，對於度母，大家應該經常祈禱，沒必要分什麼藏傳佛教、漢傳佛教。實際上，只要是具足功德的聖者，就值得去恭敬、頂禮，因為他們的智慧、功德、能力，遠遠超過我們這些凡夫。

我們凡夫有什麼理由不頂禮度母

有時候，人們過於執著自己的宗派，就不會恭敬有功德的對境，「度母是印度和藏地大德依止的，而我是學漢地淨土宗的」，以這種分別念作祟，就會覺得沒必要學習度母法。其實這是一種孤陋寡聞。

在漢地，度母也曾一度得到過廣泛弘揚。唐朝時，藏王松贊干布派大臣祿東贊到大唐求親，帶去一尊用六公斤黃金塑造的度母像，作為獻給皇帝的見面禮。唐太宗見到這尊度母像，心生歡喜，立刻下旨供奉在當時最大的皇家寺院——開元寺裡。

和親的文成公主出嫁前，請求將供在開元寺的國寶——釋迦牟尼佛十二歲等身像帶去藏地（即現今拉薩大昭寺的覺沃像）。唐太宗雖然萬分不捨，可還是答應了。文成公主請走佛像之後，蓮花座就留了下來。

後來唐太宗到開元寺拜佛，看到空著的蓮花座，心想再在上面供奉一尊什麼佛像好，這時度母像開口講話了：「皇上不必供奉其他佛像，就由我來替代釋迦牟尼佛普度眾生吧！」從此，這尊度母像美名遠播，來朝拜者絡繹不絕。

到了一七〇三年，康熙皇帝西巡到西安，在此修建了廣仁寺，並將開元寺的度母像及巨光天母像、一髻天母像改供在廣仁寺。由於這尊度母像在唐朝時曾開口顯靈，所以，寺中將其供在大雄寶殿的中央主位上。從此，廣仁寺成了漢地唯一的度母道場。

所以，漢地並不是沒有弘揚過度母，只不過不像藏地這樣普遍而已。大家以後若去西安，也應朝拜一下這尊度母像，在其面前多頂禮、供養、發願。

其實，一切大菩薩既然都向度母頂禮，包括觀音菩薩、文殊菩薩也是如此，我們凡夫有什麼理由不頂禮度母，如果有人說「我是學淨土的，不需要禮敬度母」，那就太愚痴了。

要知道，對諸佛菩薩有信心很重要。當然，這種信心應該有正確的來源，而不能盲目。否則，你看到一位上師特別慈悲，或見到一尊佛菩薩像很莊嚴，馬上就激動不已，這不一定是真正的信心。

根登群佩大師說過，他故意在外道的神殿裡拚命祈禱，竟然也流下過感動的眼淚，由此可見，凡夫的信心多不可靠。

當然，我們也不要以為外道什麼加持都沒有。人類歷史上出現的宗教，很多都有加持力，也有不少感應事蹟，這些不可能都是假的。而且，不少宗教有勸人行善的一面。正因為如此，密宗續部中說：「即使對勝論外道，也不能隨便排斥、毀謗。」所以，我們不要認為：只有佛教才完全正確，其他宗教都不好。這種態度絕對是不合理的！

第五尊

吽音叱吒度母：攝受一切眾生

頂禮吽音叱吒母，
聲遍欲色虛空界，
其足壓伏七世間，
皆能勾招盡無餘。

吽音叱吒度母

吽音叱吒度母的功德：
消除貪心，收服一切邪魔

吽音叱吒度母，身體紅色，右手結勝施印，左手持蓮花，花上有弓箭。她名號中的「吽」代表大悲菩提心，「叱吒」代表無緣的空性智慧。她所發出的智悲雙運之聲，能傳遍欲界、色界和無色界，其雙足壓伏地獄、餓鬼、旁生、人、阿修羅、天人以及中陰界（另有說法是地獄、餓鬼、旁生、人間、欲界天、色界天、無色界天），能勾招、降伏、攝受一切邪魔外道。

這尊度母，實際上就是作明佛母，懷業九本尊之一。法王所取的伏藏品中，也有作明佛母的儀軌和讚頌文。如果有人貪心極其熾盛，無法守持清淨戒律，只要念誦、觀修作明佛母，貪心自然就會消除。所以，若想守持淨戒，就要多祈禱吽音叱吒度母。

依靠吽音叱吒度母，還可以成就懷業（讓身心自在，並能自在攝受一切眾生），攝受一切有形和無形的眾生。有些人想弘揚佛法、利益眾生，只要經常祈禱這尊度母，不僅能戰勝修行中的一切違緣，還能攝受無量眾生，自在地弘法利生。

所以，希望大家平時多祈禱懷業的本尊，多念懷業本尊的祈禱文——「懷業祈請文」。今年，我就印了大量「懷業祈請文」的經旗，在我家鄉那邊的山上，掛了特別多，以此願一切眾生身心獲得自在。

大家也應該多掛懷業經旗，但要注意的是，不要把經旗掛在樹上。藏地有種說法：「山有山神，樹有樹神。」如果把經旗掛到樹上，樹神就被困住了，無法活動。還有些人用經旗圍院子，不管為了擋風還是裝飾，這樣做的過失特別大，還是應把經旗移到山上清淨的地方。

身心焦慮、迷茫，祈禱度母就能自在

現在許多人身心不自在，一直處於焦慮、迷茫的狀態中。若能祈禱度母等懷業本尊，經常修持懷業，身心一定會很自在，完全可以戰勝煩惱。

有些人天天都在為自己煩惱，卻從來沒有想過眾生。其實，你越想自己，違緣就越多；不想自己，違緣反而會減少。因為從究竟上講，一切魔障和痛苦，都是從我執產生的。所以，我們應當通過祈禱度母，從根本上減少我執，以獲得身心自在。

從古大德的傳記看，祈禱度母確實非常靈。就拿阿底峽尊者來說，他一生中的幾次重要轉變，都是度母指引的。

1. 捨俗出家

阿底峽尊者本是一位王子，年少時，度母在他夢中示現，勸他不要被世俗的誘惑牽絆，解救眾生脫離輪迴才是他的使命。於是他放棄王位，出家為僧。

2. 發菩提心

出家之後，他產生了一個疑問：「怎麼樣才能迅速成就佛道以利益眾生？」當這種想法生起時，度母先後化為美女、乞丐、老婦等形象，告訴他：若要迅速成就佛道，首先必須發菩提心。

尤其在印度金剛座（佛陀成佛的地方），一尊度母石像親自開口說：「捨己愛他的菩提心，是圓滿證悟的最好方法。」

經過度母幾次三番的點化，阿底峽尊者終於明白了菩提心的重要性。於是他歷經千辛萬苦前往金洲，依止具有菩提心的金洲大師十二年，最終生起了真實無偽的菩提心。

3. 去藏地弘法

阿底峽尊者的那個年代，藏地因為朗達瑪滅佛，佛教遭到了滅頂之災。為了重振佛教，國王智慧光多次派人迎請阿底峽尊者。尊者祈禱度母，請求指引：「我去藏地能否利益眾生？能否滿足藏王的心願？對我的壽命有沒有障礙？」

度母告訴他：「如果前往藏地，你必定能利益無量眾生，並滿足藏王心願。但你的壽命會縮減二十年，原來能活到九十二歲，去了藏地的話，將於七十二歲圓寂。」得到授記後，尊者為了眾生，毅然前往藏地弘揚佛法，後來於七十二歲圓寂。

4. 選擇傳人

尊者到了藏地後，一天晚上，度母在夢中對他說：「明天有個叫仲敦巴的人會來這裡，你一定要攝受他。」

第二天，尊者依照度母的授記，在門外等著仲敦巴到來。可是等了好久，仲敦巴都沒有來，尊者心想：度母該不會騙我吧？

沒多久，一戶人家請阿底峽尊者去應供。尊者到了那裡以後，在吃飯時，把食物分成兩份，一份給自己，另一份留給仲敦巴。後來他在回去的路上，就遇到了仲敦巴。

5. 懺悔重罪

阿底峽尊者在藏地時，每天還要做四十九個小泥塔，實際上這也與度母有關。

昔日，尊者在那爛陀寺當管家，寺中有一個修行人叫梅志巴（又名慈氏），為了供養護法和空行，他私藏了一些酒，結果被阿底峽發現了，於是將他從寺院開除。

被開除時，梅志巴沒有從房門出去，而是示現神通，直接穿牆而過。看到這種情景，阿底峽尊者方知開除了一位大菩薩，內心非常後悔，遂請教度母該如何懺悔。度母說：「你若到藏地弘法，每天做四十九個小泥塔，不可間斷，如此即可清淨罪業。」

正因為這個原因，阿底峽尊者在有生之年，每天都做四十九個小泥塔。《大圓滿前行》中講過，有些弟子曾對尊者說：「您是一位偉大的上師，整天擺弄泥巴，不但別人會譏笑，而且您也很辛苦，不如讓我們來做吧！」尊者回答：「你們在說什麼？難道我吃的食物，你們也替我吃嗎？」

另外，《入行論》的作者寂天菩薩，也得到過度母的指點。寂天是古印度的一個王子，在登基的前一天晚上，他做了兩個夢。首先，夢到文殊菩薩坐在他次日登基的寶座上，對他說：「這是我的座位，我是你的上師，你我二人處在同一個座位上，這是不合理的。」

隨後，他又夢見度母用開水給自己灌頂。他問度母為何如此，度母說：「這水並不算燙，如果你明天登上王位，執政後會造下無量惡業，下輩子墮入地獄時的鐵水，比這個水燙多了。」

第二天，寂天醒來後，知道這是聖尊的警示。於是他捨棄王位，前往印度北方依止文殊菩薩化身的上師，最終成就了無上聖果。

第六尊

—帝梵恭奉度母：折服一切世間主尊—

頂禮帝梵恭奉母，
火神風神自在供，
鬼王起屍及尋香，
夜叉眾會皆讚歎。

帝梵恭奉度母

帝梵恭奉度母的功德：

消除世間災難

帝梵恭奉度母，又叫大威德度母、諸世間恭奉度母。她的身體紅色，右手結勝施印，左手持蓮花，花上有金剛橛。雖然這尊度母是寂靜相，但為了表示摧毀各種邪見，故而示現坐在火焰中。

對於帝梵恭奉度母，帝釋天、梵天、火神、風神、水神、鬼王、起屍、尋香、夜叉都會恭敬頂戴。

密續中說，我們這個世界，由十大主尊護持：帝釋天主管東方，尋香主管南方，水神主管西方，夜叉主管北方，火神主管東南方，起屍主管西南方，鬼王主管東北方，風神主管西北方，梵天主管上方，地神主管下方。

這些主尊，在《聞解脫》中經常提及，除了諸佛菩薩以外，他們在世間非常有名望，各自有無數眷屬簇擁。他們見到度母，皆會頂禮、供養、讚歎，生起極大的敬畏心。

鑑於此，當我們遇到地震、水災、火災、颶風等世間災難時，只要虔誠地祈禱度母，災禍很快會消弭於無形。在印度和藏地，這方面的事蹟數不勝數。甚至有時候沒有祈禱度母，只是將度母畫像掛在那裡，也有不可思議的奇蹟發生。

在兩百七十多年前，德格地方有一位國王，建造了著名的德格印經院。印經院建成之後，很長一段時間裡都規定：女人不能進入經版庫中。

一天晚上，突然有女人的聲音在經版庫裡響起：「起火啦！大家快來滅火。」很多人都覺得奇怪，怎麼會有女人在裡面？

火撲滅後，大家到處尋找，當走到一面牆壁的拐角處，牆上的度母畫像說話了：「以後你們該防的是火，而不是女人。」從此以後，人們稱之為「說話度母」。也從那時起，女人就被允許進入印經院了。

在拉薩的哲蚌寺，也有過類似的度母顯聖現象。很久以前，有一次，哲蚌寺僧眾在辯經院進行辯論時，來了一群印度女孩站在旁邊看，她們一邊看一邊嘻嘻哈哈，指指點點說這個辯得不好、那個講錯了……僧人們忍無可忍，就趕她們走。她們看自己不受歡迎，便一哄而散，隱入牆裡了。僧人們知道糟了，原來這幫女孩不是普通遊客。

後來，在女孩隱入的牆角等地方，開始出現了度母的自生像，這邊一尊，那邊一尊……分布於寺院各個角落，都在很莫名其妙的地方。大家一數，不多不少，正好二十一尊。

沒有信仰的人，也許覺得這是傳說、神話，根本不可能發生。但實際上，度母的加持難以想像，所以，千萬不要以我們有限的認知，輕易否定自己所不了解的現象。

其實，每個人不管在夢中還是現實中，都會遇到一些難以解釋的事情。當遇到這類事情時，我們不要急於否認，而應當先停一停、看一看，給自己留一點餘地。

在世間許多不可思議的力量中，諸佛菩薩的加持最神奇

在佛教歷史上，有些修行人看起來跟普通人一樣，但卻擁有不共的能力，這是什麼原因呢？就是得到了本尊、空行、護法的加持。

米滂仁波切在《二規教言論》中也說，一個人若有了聖尊的護佑，他的力量如熊熊烈火一樣無法阻擋，單槍匹馬也抵得過千軍萬馬。

所以，對凡夫來說，祈禱聖尊的加持非常重要。在漢地，信佛的女眾比較多，度母既然示現為女身，顯現上還是有點「偏心」，肯定會格外關照女性的，所以，女性應著重祈禱度母。當然，男眾如果祈禱度母，也會迅速得到加持，這一點毋庸置疑！

世間上有許多不可思議的力量，像妙藥、幻術就是如此，而在這一切中，最神奇的就是諸佛菩薩的力量。不過，佛菩薩雖有不可言說的威德和加持，但如果你不

希求、不祈禱，也不可能得到這些利益。

這部《二十一度母讚》，只有二十一個頌詞，表面上看似簡單，意義卻相當深廣。它的解釋方法，實際上有很多，每一頌都可按照生起次第、圓滿次第乃至大圓滿解釋；在用大圓滿解釋時，又有心部、界部、竅訣部等不同分類。如果要細講，一個頌詞也要講幾天，而在具體觀修時，結合息增懷誅四大事業，每一尊度母又有不同的觀想次第……

這次我講得比較簡單，只是講了一些故事，讓大家初步認識度母。等以後有機會，再翻譯一些度母的甚深修法，那時候再按密宗的方式講。

如今，人們並不缺少物質，最缺的就是精神食糧，而佛法，無疑是非常適合現代人的心靈甘露。現在很多人嚮往藏地，對藏文化特別感興趣，其實並非因為這裡的天有多藍、雲有多白、草有多綠，而是在這片古老的土地上，至今仍完整保存著大乘佛教的精髓。像度母法門，在藏地就流傳得非常廣，幾乎人人都在念度母心咒，經常祈禱度母。所以，藏地才會散發出不可思議的強大吸引力。

第七尊

勝伏他方度母：戰勝一切惡緣

頂禮勝伏他方母，
札啪盡毀敵惑輪，
右屈左伸足壓伏，
盛燃熊熊烈火焰。

勝伏他方度母

勝伏他方度母的功德：

摧毀怨敵、魔眾

勝伏他方度母，又叫滅敵度母。身體為藍色，姿勢為右腿屈、左腿伸——度母的坐姿一般是右伸左屈，此處卻是右屈左伸，可能是修法不同的緣故。

總體上，她顯現為寂靜相，但為了表示摧毀怨敵、魔眾、冰雹、戰亂、瘟疫等逆緣，她也帶有少許忿怒相：其足壓伏一切怨敵，安住於熊熊的火焰中。右手結勝施印，左手持蓮花，花上有斬斷無明邪見的寶劍。

一般來講，對愚昧無知的眾生，度母會以慈悲的形象攝受，而對剛強難化的眾生，則會以威猛的方式調伏。因此，為了摧毀怨敵、魔眾迷惑眾生的伎倆，勝伏他方度母口中發出「札」、「啪」的威猛咒音——「札」是淨除輪迴的咒語，「啪」是清淨涅槃的咒語；或者說，「札」是無緣悲心的本體，「啪」是無緣智慧的本體。這兩個咒語合起來，就表示智悲雙運，依靠這一力量，沒有不能勝伏的違緣。

在生活、工作、修行中，每個人難免都會遇到違緣和障礙。此時，祈禱度母是最有效、最快速、最靈驗的方法。

在祈禱過程中，能觀想所有度母是最好的。若實在做不到，觀想其中一尊也可以。甚至退一步說，就算你沒有觀想能力，把度母像掛在魔障經常出現的地方，也可以得免於恐懼和傷害。

往昔在印度，有五百位僧人在森林裡禪修。林中住著一個妖魔，經常干擾他們，變化出種種幻象誘惑他們，導致很多人著魔、發狂。

一位老比丘見此情景，萬分憂慮。他想起自己的上師說：當遇到魔眾的違緣時，應當觀修度母。於是他猛厲地祈禱度母。不久，度母出現在他的夢中，告訴他要怎麼做。

老比丘遵照指示，把二十一尊度母像掛在樹上，布滿了整個不安靜的森林。從此，每當妖魔幻化出各種鬼怪，依靠度母的加持，僧人們很自然地就將此看成是度母的各種法相。由此，魔障終於被遣除了，妖魔再也沒辦法興風作浪。

所以，度母像的殊勝加持，的確不可思議。像大昭寺中的度母壁畫，據說也特別靈驗。一次，元朝國師八思巴到大昭寺拜佛，在度母像前，把哈達擱地上供養，度母竟然開口說：「請直接呈上來！」

修度母，對改善婚姻、事業有很大幫助

個別人可能會想：「這些事情都是過去發生的，現在祈禱度母，會不會這麼靈啊？」

這一點不用懷疑。當今之世，其實也有不少度母的故事。像在台灣，一些藏地的大德很早就開始弘揚度母法門，所以，那裡很多人特別喜歡修度母，感應的事例比比皆是。

譬如，有些年輕人失戀了，念《度母讚》後感情生活就好轉了；有些人的工廠破產了，祈禱度母後也能慢慢找到出路……記得有些台灣學佛弟子說：「內地長年以來，很少有人修度母，真的是特別可惜！度母感應確實非常疾速，對改善生活、婚姻、事業有很大幫助，不少台灣人修了度母法後，都有明顯的感應。」

前不久念《度母讚》時，我的淚水一直在流，一方面是源於對度母的信心，同時也是比較傷心——現在的人有那麼多痛苦，一定要為他們祈禱度母。

所以，大家在祈禱度母時也應當想：「在我的身邊，甚至我眼睛看不到、耳朵聽不到的地方，正有無數眾生在哀泣、掙扎，祈願依靠度母的加持，讓他們早日從痛苦中解脫出來！」

曾有人問：「佛教到底是利他，還是利己？」其實，佛教既有利他的成分，也有利己的成分，但具體到每個人就不太相同了：上等人完全利他，不顧自己；中等人既利他，也利己；下等人只是利己——當然，這種利己不同於一般的自私自利，而是希求自己從輪迴中解脫。換句話說，佛教的終極精神就是利他，但這能體現到什麼程度，則要看每個人的境界了。

第八尊

大怖救度度母：遣除一切怨仇

頂禮大怖救度母，
摧毀一切凶猛魔，
蓮花容顏現顰眉，
無餘斬盡諸仇怨。

大怖救度度母

大怖救度度母的功德：

斷除邪行

大怖救度度母，身體紅色，右手結勝施印，左手持蓮花，花上有燃燒的金剛杵，以此摧毀一切凶猛惡魔。這尊度母的容顏，本來像蓮花般美麗，但在難調難伏的眾生面前，她皺著眉頭，略顯忿怒之相。

在現實生活中，有些人懼怕邪魔侵擾，有些人唯恐仇敵加害，有些人擔心生意折本，有些人害怕工作不順……憑藉著這尊度母的威力，一切怨仇都能一一遣除。

當然，「無餘斬盡諸仇怨」，並不是把一切敵人都統統殺光。在佛教中，常有「降伏」、「摧毀」、「驅逐」等字眼，其實這都是利益眾生的手段，假如對眾生毫無利益，佛教中絕不會使用這些。

世間人為了維護自己，對仇敵千方百計趕盡殺絕，但佛教中不是這樣。表面上看，依靠度母的威力可以摧毀怨敵，但實際上，這是在大慈悲的攝持下，令其斷除邪行，就像母親責打孩子一樣。所以，密法中的降伏法，並非人人都能做，只有具足慈悲和超度能力的人方可行持！

關於度母可以遣除鬼魔、非人，藏地有一則家喻戶曉的故事：

從前有個老太太，她對度母極為虔誠，而且非常有信心。有一天，由於非人搗亂，使得他們夫妻吵架，一氣之下，老太太離家出走了。

她走到一座橋前，看到那裡有非人出沒，心裡特別恐懼，便口念度母祈禱文。由於太緊張，她只記得祈禱文的前半句，但也沒有放棄，一直念叨著，結果安然過了橋。

在她家作祟的非人，跑來問守橋的非人：「剛才有個女人從橋上過，你怎麼不把她推下去？」

守橋的非人說：「我沒看見什麼女人啊，只看見一個獨腳度母從橋上走過。」

老太太念了半句度母祈禱文，但由於信心十足，度母就能保她安然無恙，在非人眼中，她竟然變成了「獨腳度母」。可見，度母的加持力無法想像。

每當遇到麻煩事，就念度母心咒

我很小也有一種習慣：每當遇到麻煩事，如果有時間，就念《二十一度母讚》；沒時間的話，則念略祈禱文「至尊度母您垂念，祈求救脫諸苦難」，或者度母心咒「嗡達熱德達熱德熱娑哈」，以此很容易遣除一切違緣。

在藏地，有些大德雖沒有明說，但在修三根本時，都是以蓮師為上師，以觀音菩薩或文殊菩薩為本尊，以度母為空行。所謂「三根本」，是上師、本尊、空行，即上師給予加持，本尊賜予悉地，空行成辦事業。

祈禱三根本非常重要！我們每個人在人生中，都會遇到各種各樣的挫折，若能以信心祈禱三根本，內心有一些佛法的境界，面對逆境時就會非常坦然、自在。否則，對三根本不屑一顧或持有邪見，縱然你才華再超群、地位再顯赫，實際上也逃不開煩惱的鐐銬。

有些女修行人或許有疑惑：「男眾可以將度母作為空行，我們女眾能嗎？」

有這種想法，是因為沒有搞懂何為「空行」。在修密宗的生圓次第時，對自身的觀修其實沒有男女之別。與男眾一樣，女眾也照樣有上師、本尊、空行，完全可以將度母、妙音天女或一髻佛母作為空行。

大家若能將度母當成空行來祈禱，依靠她迅速、威猛的加持，除了某些不可逆轉的定業外，沒有任何不能遣除的違緣！

第九尊

三寶嚴印度母：守護一切眾生

頂禮三寶嚴印母，
手指當胸露威嚴，
莊嚴無餘諸方輪，
自之光芒普縈繞。

三寶嚴印度母

三寶嚴印度母的功德：

即使重症病人，也有獲得重生的機會

三寶嚴印度母，就是綠度母。她身體綠色，右手結勝施印，左手當胸結三寶印，以三寶印持著蓮花，花上有法輪（綠度母的形象有各種，有些手中的蓮花上沒有法輪，而有些手中沒有蓮花，直接拿著法輪）。她守護著十方世界的每個角落，身體發出的光芒，縈繞著每一個眾生。

修綠度母的人，漢地歷史上有不少。比如清朝時，章嘉國師在皇宮傳過綠度母法，乾隆皇帝的母親對此極有信心，並繡過一幅綠度母唐卡，由數千塊不同色澤的錦緞堆繡而成，工藝極其複雜，至今仍收藏在北京雍和宮中，是非常珍貴的文物。

在藏地，也有許多珍貴的度母文物。以前赤尊公主入藏嫁給松贊干布時，帶來一尊檀香木的度母雕像，後安置於大昭寺中。這可能是最初傳入西藏的度母像。

後來，文成公主入藏時，也帶了一尊度母像，現供奉於甘孜州石渠縣的志瑪拉

宮。據說當年文成公主入藏的途中，經過那裡時，度母像突然開口說：「我要在這裡度化眾生，就不去拉薩了。」於是，這尊度母像被留在了當地供奉，距今已有一千三百多年的歷史了。

度母像很早以前在藏地就有，但度母法門的興盛，卻是從阿底峽尊者開始的。一〇四六年，這位藏傳佛教後弘期的著名祖師，由弟子仲敦巴等迎請到了聶當，在那裡傳法整整九年，尤其是廣弘度母法門。後來，弟子在此修了一座卓瑪拉康度母殿，供奉阿底峽尊者的能言度母像，附近佛塔安放著尊者的部分靈骨。在拉薩那一帶，這座度母殿可謂無人不知。一九九〇年，法王途經拉薩去印度時，還特意去了那裡開光。在我的印象中，這座度母殿規模不大，但非常有加持力。

祈禱度母極其靈驗，若能具足信心去祈禱，不說別的，就算是絕症病人，也有獲得重生的機會。

曾有一位飯店的老闆，長期經營海鮮餐飲，生意火爆，財源滾滾。正當春風得意之時，他被查出得了晚期胃癌。絕望的他非常無助，只能一天天等待死亡降臨。

有一天晚上，他夢見一位全身綠色的女人，親切地說：「我是你媽媽，你立即斷除經營海鮮的生意，我會來救你！」他滿心歡喜地從夢中醒來，事後想想非常驚奇，不知道這女人到底是誰？為什麼說是自己的媽媽，而且全身是綠色？

多日後的一天，他無意中走進了一家佛具店，竟然看到店內的一幅唐卡，上面畫的正是他夢寐以求的全身綠色的媽媽。他大喜過望，立即喊來店主，詢問這個女人是誰。店主告訴他：這就是觀世音菩薩的化身——綠度母！

他立即請下那幅唐卡，懸掛在家中，並按照綠度母的夢中授記，放棄了海鮮餐飲生意。

不久，他就遇到一位上師，上師聽了他的奇遇，便給他傳了綠度母的修法。隨後，他又發心建了一座綠度母道場。最後，他的癌症奇蹟般地不治而癒了。

祈禱度母還能延長壽命

祈禱度母不但可以祛病，還能讓人延長壽命。

曾有一位噶當派的格西，一天他做了個惡夢，夢到太陽落下。他將夢境告訴上師，上師說：「這是個很不好的夢，預示著你將會死亡。不過，不用害怕，我有個殊勝的祕訣，可以遣除你的壽障！」隨後，上師給他傳了度母法。

他遵照上師的囑咐，修持度母法十一個月後，終於親見度母示現，並延長了十年的壽命。

當這位格西到了六十歲時，他希望還能再延長壽命，可以繼續弘法利生，於是又向度母祈請。這次，度母跟他說：「如果你能造一尊度母像，壽命就會延長。」他便畫了度母的唐卡，因此又活到七十歲。

之後，他希望能更長壽，就又向度母祈請。度母跟他說：「你再建造一尊度母像，就能再延長十年壽命。」於是，他建造了一尊度母像。

十年後，他又向度母祈請，度母跟他說：「再造一尊度母像的話，可以再延壽十五年。」這位老格西依教奉行，最後活到了九十五歲。

對很多世間人來講，一輩子最關心的，無非就是健康、長壽、發財、家庭幸福……其實若想得到這些，最好能多祈禱度母。當然，這是針對有信心者而言的，假如一點信心都沒有，只是有口無心地隨便念念，想獲得這些世間的圓滿也有點困難。

第十尊

歡悅威德度母：收伏群魔之心

頂禮歡悅威德母，
頂飾光鬘誠斑斕，
喜笑大笑聖咒音，
懷柔群魔與世間。

歡悅威德度母

歡悅威德度母的功德：

增加吸引別人的魅力

歡悅威德度母，具有無漏的歡喜大樂，依靠她的威德，能度化無邊眾生。這尊度母有個特點：她頭頂上的裝飾光鬘非常稀有、莊嚴，並發出「哈哈、呵呵、嘿嘿、吙吙」的大笑，這些笑聲實際上就是度母心咒「嗡達熱德達熱德熱娑哈」，以此咒音能駕馭群魔，收服帝釋、梵天、國王、大臣等一切世間眾生。

如果想度化眾生，首先要依靠自己的威德和能力，折服他們的心。就好比兩個人在一起，一方若沒有魅力，整天只是吵架，這只能讓別人離他越來越遠，根本不願待在他身邊。反之，一個人若具有吸引力，如同有了鮮花就會招來蜜蜂一樣，別人自然喜歡親近你，此時，想利益他就一點也不難了。所以，若想吸引別人、收服別人，離不開度母的加持。

度母的身相非常莊嚴，具有珍寶瓔珞等報身服飾，這也是一種加持的象徵。在歷史上，一些具有善緣的人，都曾見過、甚至得到過度母身上的裝飾。

據無垢光尊者的傳記記載：當他住在桑普時，由於惡劣眾生擾亂，先後被迫搬了七次家。最後，他寫了一首厭離世間的道歌，離開了那裡。路上，他遇到一位格西，他說自己準備去某山洞閉關，恰好格西也想去那兒，於是二人結伴到了那裡，他們發願閉關八個月。期間，他每天給格西講一次《現觀莊嚴論》。

過了五個月，一天的拂曉，無垢光尊者在夢中見到一位度母化身的少女，她騎著金鞍鈴鐺裝飾的駿馬，身著錦緞衣裳，佩帶純金、松耳石等飾品，以金瓔珞掩面，芳齡十六左右。他請求道：「聖女，請慈悲攝受加持我。」少女摘下自己的頭冠，戴在他頭上，並說：「從今以後，我恆時加持你，並賜予你悉地。」醒來之後，他連續一個月處於明樂無念的境界中。

從那以後，他的一切事業都得到了度母幫助。

要想婚姻美滿、智慧大增，請修度母法

當然，不僅是修行人，世間人修度母法也很有感應。現在許多人渴望婚姻美滿、夫妻恩愛，實際上，修度母法對此非常有幫助。

曾有個女人結婚好多年，年紀也不小了，但老公依然對她非常好，看她的眼神，就像還在蜜月中。周圍的人見了極其羨慕，就問她是什麼原因。

她回答說：「以前不是這樣的，之前我和老公的關係很差，老公總是看我不順眼。後來，一位上師對我說，如果能念四十萬遍度母心咒，夫妻關係就會好轉。於是我就開始念，念到二十多萬遍時，真的有變化了。直到現在，我們是越來越好，所以我發願繼續念，一直要念夠一百萬遍。」

可見，度母的加持周遍一切，只要有信心，就必定能得到加持。

此外，有些人若想開智慧，以虔誠心祈禱度母，也能如願以償。往昔「第二大佛陀」世親論師的得意弟子——安慧論師，前世是隻鴿子，世親論師在背誦般若

九十九萬部時，牠經常在屋檐下聽，有時候生起歡喜心，有時候恭敬地低頭。

以此因緣，這隻鴿子死後轉生為一個王子。剛剛出生，小王子就問：「我的上師在哪裡？」父母大驚：「你上師是誰？」他回答：「世親論師。」國王派人打聽，發現在印度中部真有一位世親論師，於是將兒子送到了那裡。

在依止世親論師的過程中，安慧特別精進，日日夜夜地求學，智慧和悲心也極其超勝。

安慧七歲時，有一次在僧眾中分到一把豌豆，就拿到供奉度母的殿裡吃。突然他想到：「我也必須供養度母一些豆子，否則，在這兒吃太不禮貌了。」但是當他把豆子放在度母聖像面前時，不論怎麼放，豆子都不斷地滾到地上。他不甘心，不斷地供養，結果到了最後，手中的豆子都沒了，度母面前也沒有供養到一顆。那些掉在地上的豆子，反而全被老鼠搶走了。

安慧不禁傷心地哭了起來。這時，度母像開口說話了：「不要傷心，孩子。你將得到我永遠的加持。」

被度母攝受之後，他的智慧變得如世親論師一樣廣大，一切經文都過目不忘，人們明顯感覺到他不再是初學者了。

後來，安慧造了許多著名的論典，對佛教做出了極大貢獻。那尊度母像也被譽為「瑪沙度母」，意思是豌豆度母。

當今時代，度母法門特別適合大家。有些人表面上吃穿不愁、功成名就，但實際上，在各種風光的背後，總是被煩惱折磨，心中苦不堪言。我經常想：「如果人人都有佛法的境界，那該多好！若能如此，無論他遇到什麼不順，都能坦然面對；生活中的痛苦，依靠度母的加持也一定能遣除。」

有些人學了禪宗或大圓滿法後，可能認為：「加持也是一種相，我們不能太著相。」其實，在你沒有開悟之前，著「善法」的相還是有必要。有了護法、空行、本尊的幫助，不管是你的修行，還是你的家庭、事業，都會相當順利。

《二十一度母讚》加持力的確非常大。如今，它有好幾種漢文譯本，大家對誰的翻譯有信心，就可以採用誰的譯本，沒必要只認準某一個，而將其他的全部推翻。

曾有人問我：「我以前念另一位大德翻譯的《二十一度母讚》，現在要不要改成您的譯本？」我告訴他：「不一定要改。」一部法有不同的譯本，這種現象很正常。在藏地，中觀經論有很多譯本；在漢地，《金剛經》、《阿彌陀經》、《心經》也有多種版本。當然，由於譯者各自的發願不同、與眾生的因緣不同，每個譯本在利益眾生方面會有差別。但不管你採用哪一個，都沒有問題。

第十一尊

解厄度母：消除貧窮的財神

頂禮解厄聖度母，
能召一切護地神，
顰眉豎動發吽光，
消除所有諸貧窮。

解厄度母

解厄度母的功德：
勾招福德與財富

解厄度母，身體橘黃色，右手結勝施印，左手持蓮花，花上有伏藏寶瓶。她顰眉豎動，表情略帶忿怒相，可以遣除災難和厄運，勾招一切護地神（護地神範圍很廣，包括上界的帝釋天、日神、月神、天龍八部，也包括下界的土地神、水神、山神）。比如你晚上走夜路，或者去比較危險的地方時，只要憶念解厄度母，一切護地神都會護佑你。此外，她心間的「吽」字發出光芒，以此勾招福德和財富，遣除眾生的貧窮之苦。

解厄度母，實際上就是財神。現在很多人特別想發財，二十年前，就有人讓我傳「黃財神法」，但我一直沒有講，因為財富到底有利還是有害，這很難說。尤其是作為修行人，財富多了很容易使人心境散亂。像我們佛學院，財富不錯的人，經常出現違緣；沒有財富的人，修行反而很順利。當然，在家人跟出家人不同，他們確實需要一些錢財，假如一點都沒有，生活上也會舉步維艱。

講解厄度母，也算是傳了財神法。想發財的人，若能多祈禱她，自然而然會得到財富。

藏地有一個故事：有個貧窮的小孩，從小是孤兒，沒有父母。每當看到其他小孩都有媽媽疼愛，他就特別特別傷心。

他住的附近，有一尊很大的綠度母石雕像。他每天都跑去和綠度母像說話，把她想像成自己的媽媽，心情不好時就說著自己的心事，像孩子和母親撒嬌一般，將自己的喜怒哀樂跟綠度母像傾訴。

有一次，他被別人欺負了，特別傷心，就抱著石像大哭。這時綠度母像竟然動了，將他抱了起來，深深擁入自己懷中，像慈母般不斷安慰著他，並開始陪他玩耍。最後當他離開時，綠度母像還取下自己的珍寶項鍊，掛在了他的脖子上，以幫他解除貧困。

後來，有人看到這小孩身上有一串珍貴罕見的項鍊，就問他是從哪裡來的。

小孩回答：「是媽媽給我的。」

人們問：「你不是無父無母嗎？」

小孩說：「我媽媽就是綠度母石像呀！」

人們不信，跑去看那尊綠度母像，發現石像上的項鍊居然不見了，也沒有任何被敲下的痕跡。從此之後，人們對這尊度母像更有信心了，這小孩也擺脫了貧窮，再也沒有離開福德。

多造善業、祈禱度母，就能擺脫貧困

在古印度，有不少這方面的故事：往昔，一位很貧窮的婆羅門，在十分困苦時，看見路邊有一尊度母石像，他以虔誠之心，向度母傾訴自己的痛苦。度母顯靈說：「不遠的地方有座佛塔，在附近挖掘，就可獲得寶藏。」婆羅門按度母的指示，果然挖到了很多金銀珠寶，使他及其七代子孫都消除了貧困。

以前，印度還有一個生活陷入困境的窮人，因為沒有東西吃，馬上就要餓死了。此時，他突然想起度母，就一直祈禱。之後，度母化現為穿著樹葉的女孩，告訴他：「你想脫離痛苦，就去東方。」這人雖然身體虛弱，但他滿心歡喜地往那邊慢慢移動，最後到了一片沙漠，再也沒力氣了，就昏倒在那裡。

過了一會兒，他聽到一陣鈴鐺聲，睜開眼，看到一匹馬正以馬蹄刨地，再看時，馬就消失了。當時他身上一下有了力氣，於是沿著馬刨地的地方向下挖，結果挖開了珍寶做的七重門。進入七重門後，他到了龍宮，在那裡盡情享受，得到各種如意寶和珍寶。最後，當他返回家園時，人間已是滄海桑田，三代國王都過世了。

所以，前世沒有積福而感召今生貧苦的人，也不必太傷心。只要你一方面多造善業，一方面經常祈禱度母，一旦因緣具足時，就能擺脫貧困的厄運。

第十二尊

月相冠冕度母：幫助人往生淨土

頂禮月相冠冕母，
一切飾品極璀璨，
無量光佛髻中現，
恆常光芒最耀眼。

月相冠冕度母

月相冠冕度母的功德：
將痛苦轉為安樂、不祥轉為吉祥

月相冠冕度母，也叫吉祥度母。她身體黃色，頭頂有半月形的冠冕，手中蓮花上有吉祥結，身上的飾品璀璨奪目，任何眾生看了，都會生起無比的歡喜心。尤其在她的頂髻中，有部主無量光佛（即阿彌陀佛），恆常發出耀眼的光芒，能遣除眾生的一切痛苦，賜予一切吉祥。

在世間，人人都渴望家庭、生活、事業圓滿吉祥。若能祈禱吉祥度母，很容易達成所願，將一切違緣轉為順緣、痛苦轉為安樂、不祥轉為吉祥。

度母的頂髻中有無量光佛，說明她與淨土法門也有甚深淵源。恰美仁波切在《極樂願文》中講過：「阿彌陀佛右手發光，變成無量的觀世音菩薩；左手發光，變成無量的度母；心間發光，變成無量的蓮花生大士。」所以，希求往生極樂世界的人，也應該多祈禱度母，若能如此，臨終時可遣除一切對往生不利的魔障，順利往生淨土。

離開人間時，依靠度母能獲得成就

在藏地，有些大德離開人間時，就依靠度母獲得了成就。我在《密宗虹身成就略記》中，介紹過一位上師叫貝瑪降措。他是四川甘孜人，也是法王的弟子，一九九七年圓寂的。當時他以大圓滿心性休息坐式端坐，口念三遍「啪」，隨後安然示寂。圓寂七天後，遺體縮至一肘高。火化後，出現了許多舍利，其中有一顆完全是一尊綠度母像。

我沒聽說這位上師是修度母法的，但從舍利來看，可推知他的成就與度母有密切關係。這種現象在藏地特別多，不僅僅是高僧大德，甚至許多在家人，由於一輩子天天念度母，臨終時也伴隨著各種瑞相，獲得了解脫。

《極樂願文》還講過，極樂世界的菩薩們，每天清晨要前往度母等佛菩薩的剎土，傍晚再返回極樂世界。法王如意寶也說，從大的方面來講，度母、文殊菩薩、不動佛的剎土，都可以包括在極樂世界中。

所以，修淨土的人不要認為：「度母法是藏傳佛教的，而我是淨土宗的……」如今個別人思想比較封閉，現在已是二十一世紀了，人類的思想都在與時俱進，可他們還沒走出七、八十年代的觀念，這樣不太好。雖然佛教徒不用像世間人那樣趕潮流，但佛教各派的教義，究竟來說是圓融無違的。

因此，希望大家以廣闊的心態，除了修淨土法門，也要好好祈禱度母。這樣對你只有好處，絕不會有絲毫損害。假如你一邊努力念佛，一邊以祈禱度母為助伴和後盾，如此修行必定成功。否則，在五濁極其猖獗的末法時代，僅靠自己的力量，想戰勝魔障違緣難如登天。

第十三尊

烈焰度母：調伏野蠻

頂禮烈焰聖度母，
如末劫火住光鬘，
右伸左屈喜姿態，
擊毀一切諸敵軍。

烈焰度母

烈焰度母的功德：
以慈悲心擊毀一切敵軍

烈焰度母，也叫勝敵度母。身體紅色，右手結勝施印，左手持蓮花，花上有金剛杵。她安住在末劫火般的光鬘中，呈右腿伸、左腿屈的歡喜姿態，通過寂靜的方式，轉法輪度化有緣眾生；通過忿怒的方式，降伏一切野蠻眾生，擊毀一切人和非人的敵軍。

從前，印度俄智比喀國有位王子，一次他在森林中，被敵國的軍隊發現了，他們手執兵器，將王子團團包圍。危急之中，王子向度母祈禱，請求救護。一瞬間度母降臨，並颳起狂風，將敵軍吹回了自己的地方。

可見，只要修持度母，就具足了抵禦外魔的金剛護輪，令他們無法侵入。實際上，密宗中普巴金剛、忿怒蓮師、大威德等降魔本尊，也都是度母的化身。在末法時代，修持這些除障法非常有必要。

當然，假如你對度母半信半疑，也不一定有這種力量。民國時期，漢地有位張先生，他出生於佛化家庭，祖母常勸導他：「當經過危險地方時，切記要念度母心咒！」

當時，他家鄉常有搶匪出沒，搶劫富裕的路人，但他遵從祖母的指示，從未遭遇過不幸。

有一天，他對此生了疑心，故意停止念誦，同時起了一個念頭：如果咒語的力量真實不虛，那麼這次讓我碰到劫匪。沒想到他剛這樣起心動念，劫匪便出現了，他的錢財被洗劫一空，還差點丟了性命。

在這個不太平的時代，我們每個人都應具備一些保護自他的方法。有人曾問我：假如佛教徒總是發菩提心，當敵人拿著武器向你進攻時，該怎麼辦？其實，倘若你真正有信心，通過祈禱度母，既能保護自身，又不會傷害敵人。

依靠度母加持，還能遣除牢獄之災

曾有一位居士論師叫拉意森格，他精通大小乘佛法，是喀什米爾一個國王的國師。他為喀什米爾的民眾廣說佛法，並修建了五百座寺院。後來，他在大食教盛行的地區弘揚佛法，令很多信徒皈依了佛教，而大食教日漸衰敗。

當時，一個信奉大食教的國王很不高興，就把他抓起來，並威脅道：「你必須放棄佛教，改信大食教，否則就會被處死。」論師說：「我寧願捨棄生命，也不捨棄佛教！」

於是國王將他投入死牢。在監獄裡，他默默向自己的本尊度母祈禱。結果，在度母的加持下，他身上的鐵鍊變成了花環。國王聞訊前來，命人換上新的鐵鍊，可是剛換上去，鐵鍊又變成花環。連續七次都是如此。見到這種情況，國王特別震驚，最後在他面前皈依了佛教。

度母的加持不是傳說，其實我們不用講很多，關鍵要看有沒有信心。假如將度母作為本尊或空行來依止，一生中虔誠地向她祈禱，必定會獲得相應的加持。

而且，度母不像世間的鬼神，祈禱她非常安全。祈禱鬼神的話，暫時會得到一些利益，一旦中斷了供養，鬼神就會不高興，反而給你製造麻煩。就像與個別人相處，跟他關係好了，他會幫助你；關係不好了，他就會報復你。而度母絕不是這樣，她時刻以慈悲心觀照一切眾生，即便眾生沒有祈禱她、供養她，也不會給他們降下災禍。

現在世間的危難層出不窮，除了外在的海嘯、地震、恐怖攻擊等，人們自身也頻頻遭受痛苦：心情惡劣、身體不好、事業不順、家庭不和……與二十多年前相比，人們內心的焦慮、壓力越來越大，日益沒有安全感。在這樣一個時代，大家若能將度母作為依怙，經常憶念、祈禱她，一切負面心態都會消失，內心將充滿清淨的安樂。

在藏地，基本上每家每戶都供著度母像。印度的度母像也特別多，在佛陀成佛的金剛座，至今仍有許多非常靈驗的度母像。

據說印度以前有一位小乘比丘，他對大乘比較排斥，而且誹謗過度母。有一次，這個比丘掉到一條河裡。危難之中，他想起度母能遣除水難，於是馬上向度母祈禱。金剛座的一尊木雕度母像立即現在他面前，並對他說：「你平時對我不恭敬，現在為什麼祈禱我？」說完，度母將他救了起來。後來，這尊度母像被稱為「入水度母」。

此外，印度有一個老婆婆對度母很有信心，她出錢在金剛座大塔後面建了一座度母殿，並在殿中塑了一尊度母像。完工以後才發現度母殿竟然背對著菩提迦耶大塔，她特別懊悔。此時，度母像開口說：「如果你不高興，我可以轉過來。」言罷，度母像和殿堂的大門都轉向了大塔。後來，這尊度母像被稱為「轉面度母」。

藏地色拉寺也有一尊度母像，因曾顯靈而聞名於世。有一次，一位僧人匆忙趕路時，在此像前摔了一跤。跌倒之際，他衝口而出：「媽呀！」此時，只聽度母像開口安慰他說：「別怕，媽媽在這兒。」

小時候，在我的心目中，度母就像媽媽一樣，我始終覺得依靠她，任何災難都可以遣除。每當自己遇到麻煩，第一個念頭就是：「請度母幫我！」記得那時候，家裡沒有佛像，我在玩耍時，常撿一些小骨頭、小石頭，將其當成綠度母、白度母，然後在「度母」面前，把細沙觀想成供品進行供養……而且在這一生中，我修行上的很多違緣奇蹟般地消失，與度母加持是分不開的。

總之，這部《二十一度母讚》特別殊勝。它一方面是釋迦牟尼佛以法身毗盧遮那佛的形象，為文殊菩薩宣講的；另一方面，讚頌的是三世諸佛的佛母。如果能經常念誦，一定會得到渴求的一切。

第十四尊

顰眉度母：保護你與他人

頂禮顰眉聖度母，
手掌壓地足踩踏，
面露怒容發吽聲，
擊破七重一切處。

顰眉度母

顰眉度母的功德：

遣除外在的災難、內在的煩惱

顰眉度母，身體藍色或黑色，右手以勝施印壓地，左手持蓮花，花上有燃燒的金剛杵，可以摧毀一切魔障。她足踏大地，面露怒容，口中發出「吽」的咒音，擊破七世間的一切魔軍（顰眉度母是半忿怒相，跟普巴金剛等完全的忿怒相有區別）。

許多人都喜歡護身符，其實，度母就是最好的護身符。假如隨身攜帶度母的小卡片，或將其掛在車裡、放在屋中，就可以遣除水災、火災、牢獄災、盜賊災等八難。有些人雖然沒有這些外在的災害，但內心的煩惱特別厲害，這些依靠度母也可以遣除。

有些人修行非常圓滿，往往是得到了度母的保護。例如尼泊爾有一位珠脫上師，他父親是尼泊爾人，母親是藏族人。曾經，他被關入監獄三年，受盡了折磨。當時，有人逼他捨棄佛教，但他堅決不肯。為了迫其就範，連續七天不給他食物和水，並惡毒地說：「去跟你的三寶要食物吧！」珠脫上師默默祈禱度母，最後不但沒有餓死，精神反而更好，讓眾人親眼見到了佛法的不可思議。

許多人沒有遇到磨難時，可能不覺得度母有多靈，甚至認為度母再殊勝也跟自己無關，但到了最危難的時候，就會突然想起度母。如同有些人對醫生的態度一樣：身體好時，對醫生沒有感覺，甚至不把他放在眼裡；一旦身體不好了，就急忙四處求醫，對醫生也畢恭畢敬了。但不管怎麼樣，即便只是「臨時抱佛腳」，危難時只要能想起度母，也能得到她的幫助，而平時經常祈禱度母就更不用說了。

藏地有一位無著菩薩，他是《佛子行》的作者。有一天，他在前往拉薩的途中，見到七、八個人騎著馬準備過河。那些人到了河中央時，突然全部沉入水底，無著菩薩見狀焦急萬分，馬上雙手合十祈禱度母。不大工夫，除了一馬一人被河水席捲而下以外，其餘人馬都安然無恙從水中浮起，順利到了對岸。

這時，無著菩薩身後忽然冒出一個人，他身材高大，披著陳舊的白色氆氌，腰繫毛蘭草繩做的腰帶，急切地說：「我去救他！我去救他！」說完就跳進激流裡，很快就拽著落水者的手，將其毫髮無損地拖上了岸，旋即便消失不見了。

在場的人個個深感稀有，就問無著菩薩是怎麼回事。無著菩薩感慨地說：「這應該是度母的化身，真是稀有難得啊！看來，只要自己能一心一意地祈禱，三寶肯定不會欺惑我們，一定會給予如是的加持。」

佛菩薩的化現有各種形象

前面講過，尼泊爾的赤尊公主是白度母化身，但另外有一種說法：她也是顰眉度母的化身。

其實，諸佛菩薩以慈悲心，可以轉化成男相、女相、忿怒相、寂靜相等各種形象。我們在祈禱的過程中，一定要有清淨心，不能把這些形象當成實有。比如，當你看到忿怒本尊時，不要認為他的瞋心特別大，也不要覺得他永遠都是這樣。其實，不要說佛菩薩，善知識也會示現各種形象，有時候慈悲，有時候嚴厲，這都是度化眾生的方便。

因此，大家對佛菩薩的示現要有信心，要養成隨時祈禱的習慣，若能如此，佛菩薩的加持就會融入你心裡。

第十五尊

安樂柔善度母：毀一切重罪

頂禮安樂柔善母，
寂滅涅槃行境性，
真實咒語嗡娑哈，
摧毀一切大罪惡。

安樂柔善度母

安樂柔善度母的功德：

能清淨滔天大罪

安樂柔善度母，「安樂」指果位上無漏，沒有任何痛苦；「柔」指沒有業和煩惱的粗暴，極其柔和；「善」指在因地時沒有造惡業，全是善業。因為具足這些特點，她又有「安樂母」、「柔母」、「善母」等不同名稱。

安樂柔善度母，身體白色，右手結勝施印，左手持蓮花，花中有妙瓶，妙瓶中降下甘露。她是普賢佛母，不住二邊，是真正的法身，對一切萬法通達無礙，住於寂滅涅槃的境界中。

她的真實咒語是前面加「嗡」，後面加「娑哈」，便成了度母心咒「嗡達熱德達熱德熱娑哈」。通過祈禱她，能摧毀殺人、五無間罪、破根本戒等一切滔天大罪。

阿底峽尊者說過：度母法具足息、增、懷、誅四大事業，若想滅除罪業和痛苦，修此法就可以實現。智悲光尊者的伏藏儀軌文中，也清楚記載了度母法有十種殊勝功德，第十種就是能斷惡業。

很多人都知道，金剛薩埵法是懺罪的妙法，同樣，度母法也是很好的懺悔方法，若有人認為自己罪業深重，就應該多祈禱度母。

佛教中有一部著名典籍叫《事師五十頌》，它的作者巴布拉，往昔也造下過極重的罪業，後來因祈禱度母獲得了懺罪方法。

巴布拉是一位精通佛法的班智達，年輕時想去朝拜印度東方的一尊度母像，但在途經大海時，卻遇到了強盜，被劫持到一個海島上。他被困在那裡多年，成天盼望能早日離開，於是一心一意祈禱度母。某天晚上，度母在夢中告訴他，如果他想去哪裡，只要睡覺時頭朝那個方向即可。

他按照度母的指點，晚上頭朝故鄉而睡。第二天醒來，竟已回到了故鄉。但此時已時過境遷，原來的寺院有了很大變化，老一代的班智達都圓寂了，新的又不認識他，他感覺很難開展弘法利生的事業。

當時，他憤憤地想：「之所以變成現在這樣，完全是因為島上的強盜劫持我的原因。」於是他心生惡念，手結期克印，念惡咒使那個海島沉沒了。

事後，他冷靜下來非常後悔，為了懺悔罪業，決定三步一拜去五台山朝拜文殊菩薩。此時，度母現身告訴他：「拜文殊菩薩也不能清淨如此重罪，若想懺悔，必須要造一部論典，告訴大眾怎樣修行才能迅速成佛。」

於是他開始閉關進行思維，通過翻閱大量的經論，發現如理依止上師才是解脫妙道，於是撰著了《事師五十頌》。這部論典字數不多，但匯聚了一生成佛必不可少的竅訣，所以利益了後世的無量眾生，由此，他的罪業也得以清淨。

當然，對一般人來講，或許不會造巴布拉這麼重的惡業，但我們今生的很多痛苦、疾病、不順，也是由往昔罪業所導致的，若能虔誠祈禱度母，就可以消除一切苦難。

以前印度有一位婆羅門，他不幸得了痲瘋病，並傳染五百多人，人們一看到他，就掩鼻快速離去。他只好以乞討為生，過著豬狗不如的生活。一天，他在路邊看見一尊度母石像，一下就生起極大的信心，然後祈禱度母消除自己的疾病。當時，只見度母石像的手中流出如牛奶般的甘露，當他用來沐浴自己的身體後，病痛全部消除。

現在有很多患重病的人，長年臥床不起，看起來特別可憐。我們沒病時不知道，一旦生病了，才知道那是什麼滋味。尤其是得了嚴重的病時，精神和身體備受折磨，簡直生不如死。因此，當我們自己生病或見到別人生病時，應通過觀修度母來遣除病痛，幫助別人。

具有極大加持力的度母觀修法

度母的觀修方法有很多，最簡單的就是：觀想度母身上降下甘露，將自他一切病苦淨除無餘。

其實，如今的世間人，最適合修度母法。因為度母不僅能賜予究竟的解脫，還能賜予世間的圓滿。人們喜歡的升官發財、相貌莊嚴、生意興隆、身體健康、長命百歲、工作順利、事業成功……度母沒有不能滿足的。

曾有個女人結婚八年了，一直沒有孩子，她經常為此而苦惱。後來，她聽說度母很靈，就念度母心咒求子。一個月以後，就如願以償地懷上了寶寶。

現在大多數人，對獲得圓滿佛果、度化眾生，基本上不太考慮，他們要求比較低，就是想得到世間的快樂，這對度母來說特別容易。所以，如果想要這一切，那就請祈禱度母吧！

第十六尊

明覺吽度母：賜予你智慧

頂禮明覺吽度母，
眾會圍繞極歡喜，
怨敵之身悉擊碎，
十字莊嚴明咒吽。

明覺吽度母

明覺吽度母的功德：
遣除一切魔眾和怨敵

明覺吽度母，也叫放光度母。身體紅色，右手結勝施印，左手持蓮花，花上有十字金剛杵，她被無量菩薩聖眾圍繞，面容表情極為歡喜。同時，以度母心咒這十個字（嗡達熱德達熱德熱娑哈）來莊嚴的明咒——「吽」，發出了無量光芒，能摧毀眾生的無明、愚痴、我執，以及一切魔眾和怨敵。

度母在遣除魔怨方面，確實有不共的威力。以前，印度南方有五百個商人到大海取寶。由於途中有諸多凶險，很難保證順利返回，所以，當他們啟程時，前來送別的親人們都依依不捨。

商人們乘著三艘船，克服了很多違緣，最終到達了寶洲。他們按各自需求拿了大量珍寶，然後高高興興地返航了。突然這個時候，守護寶洲的海神一下不歡喜起來，颳起狂風，掀起巨浪，對商人製造違緣（一般來講，如果某地的資源被過分掠奪，環境被破壞得太厲害，當地的山神、地神、水神、樹神都會不高興）。

眼看船就要翻了，商人們非常恐懼，有些人緊抓著船幫，有些人抓著珍寶不放，還有些人使勁呼叫親友的名字，旁邊還有人拚命喊著梵天、遍入天、日、月等世間眾神的名字……這時，一個居士突然想起了度母，於是大聲念起度母心咒。不一會兒，只見風平浪靜，商人們平安無事，最後全部順利地回到了家鄉。

祈禱度母可以增長智慧

有些人為了開智慧，經常祈禱文殊菩薩。其實度母也有這種能力，可以遣除眾生的愚痴，令其獲得智慧光明。

例如，若服用以特定度母儀軌加持過的藥丸，就能極大地增長智慧。但如果沒有這個條件，只念度母心咒或《二十一度母讚》也可以。

曾經，有個漢地居士的孩子擔心考不上大學，於是考試前念了一千遍度母心咒，後來果然如願考上了。當然，也有人念了仍照樣考不好，於是就生邪見，開始到處誹謗。其實，他們之所以開啟不了智慧的寶庫，或許正是缺少了信心的「鑰匙」。

第十七尊

震撼三界度母：遣除怨敵恐怖

頂禮震撼三界母，
足踏吽相為種子，
須彌玻雪曼達繞，
三世間界皆搖動。

震撼三界度母

震撼三界度母的功德：

鬼魔不敢危害你

震撼三界度母，也叫無量鎮壓度母。身體橙色，右手結勝施印，左手持蓮花，花上有佛塔。她足踏大地，「吽」字種子咒發出無量光明，能震動須彌山、玻雪山、曼達繞山等人間、天界、龍宮最難動搖的高山，撼動欲界、色界、無色界的一切。

從古往今來的歷史看，度母的加持不可思議。在過去，有位叫桑嘎彌扎的小乘論師，他對小乘經論非常精通。一天在夢中，他見到了釋迦牟尼佛和諸菩薩眾，而度母化現為藍色天女告訴他：「你不僅要通達小乘佛法，還應好好學習大乘佛法。」桑嘎彌扎從夢中醒來後，決定遵照夢中的授記，前往喀什米爾求學大乘佛法，並依止度母為本尊。

在求學的途中，他遇到一群強盜，並被劫持帶到邪教的神像面前。強盜們準備把他作活人祭祀，危急中，他向度母祈禱求救，度母當即顯靈，使邪神像馬上裂成了許多碎片。看到這種情景，眾強盜大驚失色，紛紛逃走，論師因此而獲得解救。

在藏傳佛教中，不管哪個教派，都會念《二十一度母讚》，度母遣除八難、十六難的事蹟也比比皆是。尤其是當有人遇到鬼魔作祟，而又無力抵擋時，就應該馬上祈禱度母。

昔日，在印度東方有一座小乘的寺院，比丘們晚上在林間打坐時，常會遇到羅剎鬼而被一一吃掉。一天，一位小沙彌在走路時，不幸碰上了身色炭黑、獠牙畢露的羅剎鬼，被其逮住拖往林中。此時，小沙彌不斷地祈禱度母，當即，度母以手拿寶劍的忿怒相現於面前。羅剎鬼一見渾身都嚇軟了，趕緊放下小沙彌，跪在度母面前請求皈依。

從那以後，此處再也沒有發生羅剎鬼害人的事件。

度母就像「街道辦事處主任」

諾那活佛的老弟子、一百歲的度母本尊女成就者方于教授曾說：「阿彌陀佛就像國家主席，觀世音菩薩就像省長、市長，而度母就像街道辦事處主任。國家主席、省長、市長，我們不一定能見到，但是街道辦事處主任，我們基本可以隨時見到。為了更加貼近眾生，所以，阿彌陀佛和觀世音菩薩化現成了度母。」

這個比喻淺顯易懂，而且非常恰當。在本體上，度母和阿彌陀佛、觀音菩薩是無二無別的，但相比之下，度母更加貼近人們，在生活中的每個細節，都可以體現她的加持。所以，不管你遇到大大小小的難事，都應該想到向度母求救。

如今，不少人什麼信仰都沒有，對佛不可思議的境界完全否認，這應該也是一種悲哀。其實，你若從小就接觸佛教，明白「科學無法解釋的，不一定就不科學」，那看世界就會有更全面的角度、更廣闊的心態。

第十八尊

滅毒度母：滅除一切毒

頂禮滅毒聖度母，
手持天海相皎月，
誦二達繞啪字聲，
無餘滅除一切毒。

滅毒度母

滅毒度母的功德：

讓身和心都遠離毒害

滅毒度母，也叫孔雀度母（孔雀具有滅毒的能力，最厲害的龍毒也可消除，故以此得名）。身體白色，右手結勝施印，左手持蓮花，花上有皎潔明月，猶如天界的白色甘露海。

她口誦心咒「嗡達熱德達熱德熱 色繞波夏達繞 哈 Ra 哈 Ra 啪的娑哈」，無餘滅除眾生內在的我執毒、貪瞋痴三毒，以及外在的飲食毒、混合毒、眼見毒等一切毒。

通過祈禱滅毒度母，我們的身體和心能遠離一切毒害。以前，印度有個漂亮的妓女，她的容貌、笑容、說話，都非常順合人心，因此很多男人被她吸引。有一次，一個商人對她說：「你若陪我一晚，我就送你五百條珍珠項鍊。」她答應了這個要求。

半夜時分，妓女穿上迷人的新衣裳，頭上戴著花鬘，獨自前往商人那裡。途經一座大森林時，她感覺有點累，於是就坐在一棵樹下稍事休息。

這時，一條毒蛇爬了過來，緊緊纏住了她的身體。頓時，她的貪欲消失，心中只有巨大的恐怖。見四處無人可以幫忙，她就在心中拚命祈禱度母。在度母的加持下，毒蛇生起了悲心，於是鬆開她，慢慢離開了。

印度還有一個故事：有個美麗的少女在森林採花時，忽然間頭上響起怪聲，一看，只見一頭踩死過很多生命、腳上沾滿鮮血的狂象正站在自己面前。狂象一下用鼻子把她捲離地面，送到腳下，打算將其狠狠踩死。萬分危急之際，少女忽然想起度母，就趕緊一心一意向度母祈禱求救。頓時，狂象慢慢地鬆開了鼻子，將少女輕輕放在地上。

之後，狂象把少女帶到人來人往的集市，向她頂禮；接著帶到寺院，再次向她頂禮；最後帶到皇宮門外，又向她頂禮。

如此不可思議的事情發生後，大家覺得非常奇妙，認為這個少女很有福報，但並不知道她實際上是得到了度母的加持。國王聽說此事後，心想：「太子正值成婚之齡，這個少女這麼有福報，理應娶回當王妃，這對國家和百姓都有利益。」就這樣，少女成了太子妃。

度母相當於漢地的觀世音

若誠心誠意地祈禱度母，就如讚頌文中所說，求子可以得子，求財可以得財，求官位可以得官位，求平安可以得平安……

在漢地，祈求大慈大悲、救苦救難的觀世音菩薩，也有這方面的感應。所以，度母跟漢地的觀世音菩薩在救度眾生方面，沒有太大差別。大家見到度母的塑像、唐卡，理應生起恭敬心，依此善念，便可得到度母的加持，遣除一切違緣，增上一切順緣。

歷史上，有些高僧大德，年輕時跟普通人差不多，但後來通過精進修行，再加上經常祈禱度母，得到了她的護持，所以即便是一個人，能力也非常強大，利益眾生的程度遠非一般人所能相比。米滂仁波切說：「何人若有神所護，則彼以其獨自力，堪與成千上萬眾，所有力量相匹敵。」

因此，大家應當遣除對諸佛菩薩的各種懷疑和邪見，樹立起正確的見解。

佛在《涅槃經》中說過：「有信無解，增長無明；有解無信，增長邪見。」一個人光有信心、卻無智慧，這種信心就是迷信，只能徒增自己的無明愚痴；光有智慧、卻無信心，這種智慧會成為自己傲慢的資本，只能增長無邊的邪見。

所以，信心與智慧猶如人的雙足，缺少一個的話，在解脫的道路上都走不了多遠！

第十九尊

天王所敬度母：消解爭鬥、滅除惡夢

頂禮天王所敬母，
天人非人咸依止，
披甲歡喜之威德，
遣除爭鬥與惡夢。

天王所敬度母

天王所敬度母的功德：

祈禱她，就能披上保護自他的鎧甲

天王所敬度母，又名大白傘蓋佛母。她受到帝釋天、大自在天、遍入天等諸多天王恭敬，一切天人和阿修羅、夜叉、羅剎、鬼魂等非人，也紛紛前來依止她。因此，當我們遇到非人的侵害時，比如有人說自己有「附體」，那不妨多念度母心咒和《二十一度母讚》。

倘若對度母生起了信心、歡喜心，經常憶念她、祈禱她，就能披上保護自他的鎧甲，任何大大小小的爭鬥和可怕的夢境，都會離自己遠去。

生活中，有些人經常做一些怪夢，夢境很不吉祥。其實，這是有各種原因的：有時候是身體四大不調，有時候是怨親債主等非人作害。但不管怎麼樣，只要多祈禱度母，一切惡夢都不會出現。

此外，度母還能化解爭鬥。有些人總是看不慣這個、看不慣那個，經常和別人發生衝突，其實這些祈禱度母就可以化解。不僅如此，乃至人與人之間更大的爭執，也常在世界各個角落層出不窮，如果我們多修度母法，就有助於平息這些紛爭。退一步說，即便因業力而無法避免，自己也會在戰爭中取勝。

往昔印度有兩個國王，一個叫古米扎，一個叫阿修格，他們之間作戰多年，其中，阿修格的武器和兵力勝過古米扎，在戰爭中一直處於優勢。為了扭轉這種劣勢，古米扎想了一個辦法：召集全軍開了七天度母法會，念了十萬遍《二十一度母讚》。

再次交鋒時，阿修格軍隊的眼裡，突然冒出了很多身著黑衣、面容忿怒的女戰士，而且古米扎的人數、兵力遠勝從前。阿修格的軍隊無力抵抗，最後潰不成軍。其實，度母的加持無有偏墮，不管是誰，只要真心實意地祈禱，哪怕這個人造下了滔天大罪，度母也會伸出慈愛的援手，而不會對其置之不理。

以前，印度有一位小乘比丘，他對大乘佛教特別排斥，經常燒毀大乘經典，而且誹謗密宗，砸毀密宗佛像。國王得知後勃然大怒，派兵去抓他，準備嚴懲。

比丘非常害怕，開始狼狽地東躲西藏。一天，在逃亡途中，他看到路邊有一尊度母石像，無奈之下便向度母求救。這時，度母像開口說：「你躲在路邊的水溝裡，便可倖免於難。」比丘一看：這水溝只有碗口那麼大，自己怎麼躲得進去？

此時度母連連催促：「快進去，追兵馬上就到了。」比丘顧不得多想，一屈身便向水溝裡鑽去，結果居然鑽進去了。追兵到處找不著他，最後也只好作罷。

從那以後，這個比丘捨棄了對大乘的邪見，對度母也生起了真實的信心。

或許有人認為：「度母竟連惡人都幫，這似乎有點說不過去。」實際上，惡人也是眾生，他們得到了幫助之後，會對度母產生信心，進而慢慢有所醒悟，也能懺悔自己以前造的罪業。

不要怕「麻煩」度母

在祈禱度母時，我們務必要有強烈的信心。假如你沒有什麼信心，甚至邊打瞌睡邊念度母心咒，雖說這也有功德，但能否立即得到加持，就不太好說了。所以，修法的效果如何，與自己的心態密切相關。

我從小就有一種習慣：不管遇到什麼違緣，都會立即祈禱度母。甚至放犛牛時，犛牛跑丟了，也會馬上想到度母。

對每個人來說，哪怕有些事情微不足道，也不要害怕「麻煩」度母。因為她是眾生的依怙，只要你養成經常祈禱的習慣，隨時就可以得到她的護佑。

第二十尊

消疫度母：消除瘟疫疾病

頂禮消疫聖度母，
日月雙眸光鮮明，
誦二哈繞德達繞，
消除劇猛瘟疫病。

消疫度母

消疫度母的功德：

讓瘟疫不會侵害你

消疫度母，身體為紅黃色，右手結勝施印，左手持的蓮花上有寶瓶，瓶中盛滿消除瘟疫的無死甘露。她的雙目猶如日月，放出無量光芒，口誦「嗡達熱德達熱德熱　那摩哈繞喝繞吽哈繞娑哈」，以此能消除瘟疫和疾病。

昔日，藏地有個地方瘟疫盛行，人們死亡無數，當地幾乎人煙絕跡了。大家實在走投無路，突然想起在附近的山上，有位閉關多年的修行人，於是就去求他指點生路。修行人通過打卦及入定觀察，要求他們在此地到處掛滿度母經旗。大家依言而行，後來，凡是被吹過經旗的風接觸到的人，瘟疫就迅速痊癒了，而且當地以後再也沒發生過瘟疫。

當然，我們一旦生了病，除了祈禱諸佛菩薩以外，還應當接受醫生的治療。有些人比較固執，對中醫、藏醫、西醫都不信，生病後拒絕看病，一直就在那裡等死。其實這樣不太好。《上師心滴》說過：咒語的能力不可思議，妙藥的力量也不可思議。

所以，我們應該相信醫藥的能力。生病之後，既要祈禱諸佛菩薩，也要接受治療。

密咒的功德，沒有任何依據能破得了

如果常念度母心咒，會有一種不可思議的力量，這一點，非佛教人士或許不太懂。就像對於中醫，外行人可能覺得：「診一診脈，看一看舌頭，就開藥方了，怎麼會如此簡單？幾種草混在一起，就能治病嗎？」但實際上，這些看似簡單，背後卻有極深的奧祕。

同樣，不懂佛法的人，對密咒也會有這種懷疑：「幾個文字，就有這麼大力量嗎？學佛只要調心就好，掛經旗、轉經輪、念念經，這些有點多餘吧？」

前不久，我遇到一個老師，他就是這樣，不明白為什麼轉一轉經輪就有功德，後來，我給他簡單講了一下這方面的道理。

不過，若想通達佛法的甚深奧義，光聽別人講幾句是不夠的，必須要通過長時間的學習。比如，你若想詳細了解密咒的功德、加持，最好系統學習一下《大幻化網》，學了以後，你就會知道：密咒的功德，沒有任何依據能破得了。

在這個世界上，有許多看不見、摸不到的神祕事物，這些你想不承認，它也是存在的。所以，對於自己暫時不了解的領域，先不要急於下結論，而應該仔細研究一下。

第二十一尊

具光度母：圓滿一切事業

頂禮具光聖度母，
安立一切三真如，
正具寂滅威神力，
摧魔起屍夜叉眾。

具光度母

具光度母的功德：

讓你既能保護自己，又不損害敵人

具光度母，也叫具光佛母。身體白色，右手結勝施印，左手的蓮花上有吉祥雙魚。她額間有白色的「嗡」字，喉間有紅色的「阿」字，心間有藍色的「吽」字，這三真如字發出白、紅、藍三種光，加持一切眾生的身語意變為三金剛，並令其息滅貪、瞋、痴等所有煩惱，現證智慧、慈悲、信心等所有功德。

同時，她還能摧毀邪魔、起屍、夜叉、羅剎、惡神的害心，令他們以及被他們損害的眾生都安享快樂。可見，修度母法來摧毀魔怨，不同於世間上用武器來消滅敵人，它是利益眾生的一種方便，不僅能保護自己，還能令怨敵也遠離痛苦。

印度曾有位叫智天的論師，他是寂天菩薩的弟子，長期在印度南方弘揚佛法，後來發願去雪山修行。在前往的途中，他經過一個村落，那裡因羅剎鬼作祟，許多人在同一天中死去，遍地都是屍體。當他走過去時，突然有一具屍體站了起來，胡亂奔跑。當時，他馬上念度母心咒加持金剛橛，然後向起屍拋去，屍體頓時倒在地上。他知道，這些死去的眾生壽數未盡，於是向度母祈請救度。度母顯靈，從空中降下起死回生的甘露，使所有死去的人都復活了。

在過去，印度很多地方都有起屍的危害，藏地和漢地也經常有，但如今這種現象不太多了。不過末法時代，也有各種違緣層出不窮，加上人生本來就苦多樂少，所以大家在遭受痛苦時，一定要有思想準備，要考慮如何面對痛苦，如何將痛苦轉為道用。

在這方面，我個人的建議是：最好多祈禱度母，如此可以真正離苦得樂。

二十一尊度母的本體都是一個

以根本咒禮讚二十一度母終。

這部《二十一度母讚》，以二十一個偈頌，從不同角度讚歎了度母的功德。當然，所謂「二十一度母」，也只是大致而言，其實度母有無量的化身，並不單單有二十一尊。

大家平時若念誦此祈禱文，念完前面的所有偈頌之後，最好加上這一句「以根本咒禮讚二十一度母終」，如此有頭有尾會比較圓滿。

總的來講，度母在法身層面是普賢佛母，在報身層面是金剛亥母或金剛瑜伽母，在化身層面是妙音天女等眾多女性菩薩，不管示現什麼身相，她們在本體上都是無二無別的。不過，在顯現上，就像觀世音菩薩示現不同化身一樣，度母也可化現為不同的形象，以度化和饒益無邊眾生。

略祈禱文

至尊度母您垂念，祈求救脫諸苦難。

假如你想祈禱度母，又沒時間念《二十一度母讚》，那可以念略祈禱文。這個祈禱文只有短短兩句，任何人只要有信心，隨時隨地都可以念。它的意思是：祈求至尊度母您垂念我、慈悲加持我，將我從諸苦難中解救出來。

「諸苦難」，包括了各種「苦」和「難」，不但有水災、火災、戰爭等天災人禍，結合當今時代，還有金融危機、失戀、失業等種種危難。這些人生中的苦難，依靠度母的加持，都可以一一遣除。

漢地信眾常說「大慈大悲、救苦救難的觀世音菩薩」，其實也可以說「大慈大悲、救苦救難的聖度母」。不管是什麼樣的人，只要經常祈禱度母，就會得到她的慈悲眷顧。

念度母心咒，成就一切所願

度母心咒：嗡　達熱　德達熱　德熱　娑哈

這個心咒的廣大功德，米滂仁波切在《百咒功德》中講過。比如，能懺淨一切罪業，救脫一切衰敗，遣除一切災難，成就一切所願。

有些上師還說，度母心咒念得越多，就會長得越漂亮，所以，現在很多人都特別愛念。

以前，有些大德一輩子念了幾億遍度母心咒，這對大家來講可能不現實，但若能在一年內念完一萬遍度母心咒和一百遍《二十一度母讚》，也可以與度母結上殊勝因緣。

其實，這些數量並不多，只要每天念一百遍度母心咒、一遍《二十一度母讚》，三個多月就可以完成。若能圓滿這些念誦，你肯定可以發現自己身上的改變。

我本人對度母始終有極大的信心，雖然沒有很高的境界，但一輩子都會修這個法門。小時候，儘管環境特別惡劣，但我一直默默地念度母，從來沒有間斷過。這次講《二十一度母讚》，願大家能迅速得到度母的加持，在度母的慈光沐浴下，一切所願都順利實現！

當今時代，眾生非常需要強有力的本尊，若能以度母作為依怙，不論對個人還是整個世間，很多苦難都會被遣除，吉祥、安樂自然而然具足！

後記 相信的力量

本書中的許多感應故事，並不是一種神話傳說。有些人經常把自己理解不了的現象，簡單掃入「迷信」之列，這實在不是智者之舉。

愛因斯坦曾說：「有些人認為宗教不合乎科學道理。我是一位研究科學的人，我深切知道：今天的科學，只能證明某種物體存在，而不能證明某種物體不存在。」

所以，對於自己並不熟知的領域，千萬不要自以為是，妄下斷言。假如你實在弄不懂，也請試著不要去詆毀。因為你所詆毀的，或許就是你一直在苦苦尋覓的，只不過你不認識它而已！

索達吉　2014·2·19

有求——21度母給你愛與溫暖

作者 索達吉堪布
美術設計 小山絵
責任編輯 劉素芬、張海靜
行銷企畫 陳雅雯、張瓊瑜、蔡瑋玲、余一霞、王涵
行銷業務 郭其彬、王綬晨、邱紹溢
副總編輯 張海靜
總編輯 王思迅
發行人 蘇拾平
出版 如果出版
發行 大雁出版基地
地址 台北市松山區復興北路333號11樓之4
電話 02-2718-2001
傳真 02-2718-1258
讀者傳真服務 02-2718-1258
讀者服務信箱 E-mail andbooks@andbooks.com.tw
劃撥帳號 19983379
戶名 大雁文化事業股份有限公司
出版日期 2017年7月初版
定價 380元
ISBN 978-986-94806-4-2

國家圖書館出版品預行編目（CIP）資料

有求 : 21 度母給你愛與溫暖 / 索達吉堪布著 .
——初版 . ——臺北市 : 如果出版 :
大雁出版基地發行 , 2017.07
面； 公分
ISBN 978-986-94806-4-2(平裝)

1. 藏傳佛教 2. 佛教修持

226.965 106010609